Félix-Fénéon

LES

Impressionnistes

EN 1886

MM. Degas, Camille Pissarro, Miss Cassatt, Madame Morisot, MM. Caillebotte, Dubois-Pillet, David-Estoppey, Forain, Gauguin, Guillaumin, Claude Monet, Lucien Pissarro, Raffaëlli, Renoir, Seurat, Signac, Angrand, Zandomeneghi.

Exemplaire sur Hollande :

4 Francs

PARIS
PUBLICATIONS DE *LA VOGUE*
1886

LES

IMPRESSIONNISTES

STRICT TIRAGE DE CETTE FOLLICULE

227 exemplaires

6 sur Japon,	numérotés de	1 à 6
21 sur Hollande,	—	7 à 27
199 sur Saint-Omer,	—	28 à 226
1 sur pumicif, non numéroté.		

N° ....

Félix-Fénéon

LES

Impressionnistes

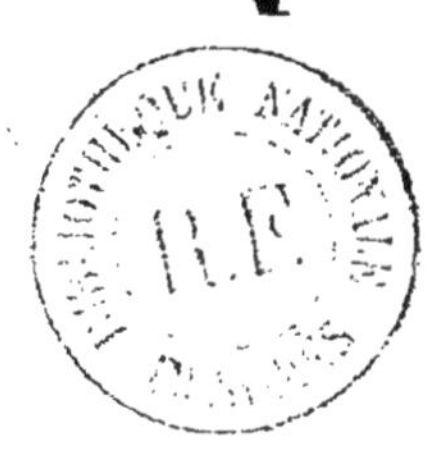

EN 1886

PARIS

PUBLICATIONS DE *LA VOGUE*

1886

I

VIIIe EXPOSITION IMPRESSIONNISTE

DU 15 MAI AU 15 JUIN. — RUE LAFFITTE, I.

Durant la période héroïque de « l'Impressionnisme », la foule vit toujours au premier plan, provoquant les colères, forçant l'entrée des Salons annuels, Édouard Manet, enthousiaste, élastique et théâtral ; mais, au vrai, la mutation dernière qui fit du bitumier du *Bon-Bock* le luministe du *Linge* et du *Père Lathuille* s'accomplit sous l'influence de Camille Pissarro, de Degas, de Renoir et surtout de Claude Monet : ceux-ci furent les chefs de la révolution dont il fut le héraut.

MM. Renoir et Monet ne sont pas rue Laffitte, non plus que MM. Raffaëlli, Cézanne, Sisley et Caillebotte. Malgré ses lacunes, la nouvelle exposition est explicite : M. Degas y figure avec des envois caractéristiques; Madame Morisot et MM. Gauguin et Guillaumin y représentent l'impressionnisme tel qu'il s'était traduit aux exhibitions antérieures; MM. Pissarro, Seurat et Signac innovent.

MM. Degas et Zandomeneghi. — M. Forain. Miss Cassatt.

De M. Degas. Des femmes emplissent de leur accroupissement cucurbitant la coque des tubs : l'une, le menton à la poitrine, se râpe la nuque, l'autre, en une torsion qui la fait virante, le bras collé au dos, d'une éponge qui mousse se travaille les régions coccygiennes. Une anguleuse échine se tend ; des avant-bras, dégageant des seins en virgouleuses, plongent verticalement entre des jambes pour mouiller une débarbouilloire dans l'eau d'un tub où des pieds trempent. S'abattent une chevelure sur des épaules, un buste sur des hanches, un ventre sur des cuisses, des membres sur leurs jointures, et cette maritorne, vue du plafond, debout devant son lit, mains plaquées aux fesses, semble une série de cylindres, renflés un peu, qui s'emboîtent. De front, agenouillée, les cuisses disjointes, la tête inclinée sur la flaccidité du torse, une fille s'essuie. Et c'est dans d'obscures chambres d'hôtel meublé, dans d'étroits réduits que ces corps aux riches patines, ces corps talés par les noces, les couches et les maladies, se décortiquent ou s'étirent.

Mais voici du plein air. Une baigneuse de rivière, dans des verdures, remet sa chemise qui plane, ballonnante sur des bras s'arquant haut. Trois villageoises, bestiales et bien découplées, entrent dans une rivière, et, le dos courbé, bombant l'énormité de croupes où le soleil s'écrase, ramant l'air de leurs bras simiesquement demi-tendus, s'avancent vers la grande eau, à laborieux pas ; sur leurs mollets un chien-loup halète.

Dans l'œuvre de M. Degas, — et de quel autre ? — les peaux humaines vivent d'une vie expressive. Les lignes de ce cruel et sagace observateur élucident, à travers les difficultés de raccourcis follement elliptiques, la mécanique de tous les mouvements; d'un être qui bouge, elles n'enregistrent pas seulement le geste essentiel, mais ses plus minimes et lointaines répercussions myologiques : d'où cette définitive unité du dessin. Art de réalisme et qui cependant ne procède pas d'une vision directe : — dès qu'un être se sait observé, il perd sa naïve spontanéité de fonctionnement ; M. Degas ne copie donc pas d'après nature : il accumule sur un même sujet une multitude de croquis, où son œuvre puisera une véracité irréfragable ; jamais tableaux n'ont moins évoqué la pénible image du « modèle » qui « pose ».

Sa couleur est d'une artificieuse et personnelle maîtrise : il l'extériorisa sur la bariolure turbulente des jockeys, sur les rubans et les lèvres des ballerines ; aujourd'hui il la manifeste par des effets étouffés et comme latents, dont le prétexte est pris au roux d'une tignasse, aux plis violâtres d'un linge mouillé, au rose d'une mante pendue, aux irisations acrobatiques roulant au cirque d'une cuvette.

Par deux numéros de modistes au magasin et par un portrait du nature-mortiste Zakarian se complète ce lot, tout entier exécuté au pastel.

Mais, suivant ses us, c'est sous conditions que M. Edgar Degas daigne exposer. Aussi, faut-il revoir la bande trop fidèle des comparses : M. Charles Tillot truelle avec un entêtement sombre des pivoines, des chrysanthèmes, des femmes nues et des anémones ; M. Henri Rouart, accroche trente échantillons de ses aquarelles pénitentiaires ; Madame Marie Bracquemond, pignoche ses imagettes, et M. Paul-Victor Vignon, toujours dispos, empile rochers, arbres et maisons en des ensembles invariables et ternes. Pour clore la liste : la comtesse de Rambure dont le catalogue n'a pas osé mentionner les envois, et M. Émile Schuffenecker, consciencieux, mais encore inexpert.

En ses quatre peintures et ses huit pastels, M. Federico Zandomeneghi trahit son origine vénitienne. — Thèmes.

C'est, vue de dos et en une projection presque verticale, une femme assise sur de blancs tapis d'ours, devant du coke, nue, genoux levés et bras y glissant : à gauche, un compliqué et rythmique tracé où se conjugent étroitement à celles de la jambe et du pied les sinuosités de l'aisselle, du sein et de la hanche ; à droite, une ligne, seule, rapide et pure, raccordant la croupe à l'épaule pour se perdre dans une chevelure dont le fauve s'associe au vert aigu de la babouche. Ou : la chemise arrêtée à la ceinture, penchée sur une cuvette aux lacis bleus, elle lave, lente, ses seins. Autre : abattue sur des oreillers, paumes jointes au-dessus des cheveux, elle sinue ses courbes dorsales sur une tenture que verts, rouges et jaunes cinglent. Assise au bord d'une chaise en une position de demi-volte, une appuie son menton à ses mains croisées sur le dossier et, prête à des gymnastiques imminentes, songe. — En des chambres de lumière, ces corps féminins se modèlent, jamais meurtris, jamais lassés, mais jeunes et fermes trop, certes, pour mêler de bien personnels fleurs à ceux des fioles ; ce mince linge se plisse en de délicats et lucides verts bleus, se colle, roseurs alors violacées si peu, sur des chairs lubréfiées. Des intentions littéraires, peut-être et fâcheusement, dans tel jeu des visages, dans l'ordonnance de cet intérieur où s'abandonne une musicienne en légère robe à pois. Une indifférence à figurer le travail des couleurs ambiantes sur le ton de ses personnages, — cette femme au brasier si anormalement indémne de toute atteinte de lumière focale —, ou, du moins, une notation incomplète des réactions chromatiques, — cette tablée de restaurant de nuit. Œuvres d'une élégance sans imprévu et d'un aspect parfois saponacé, mais que leurs recherches linéaires rendent intéressantes.

L'exposition de M. Jean-Louis Forain peine. Cet homme, qui strapassonnait de façon si aiguë et nerveuse la vie au gaz, coulisses, lupanars, s'amadoue, se met à la portée de toutes les bienveillances ; l'année dernière il fonctionnait au Salon de l'Industrie ; il réintégrera cet asile, et ses œuvres voisineront avec celles de MM. Gervex et Béraud. Voici cependant un Forain d'autrefois : une quadragénaire en lourde robe rouge verse un flux de paroles sur le sommet du triangle dans lequel s'inscrit sa fille à la glauque robe de tulle.

Mademoiselle Mary Cassatt, une Américaine, élève de M. Degas, montre des enfants et des jeunes filles, fermes études, d'un tracé distingué et savant, d'un coloris un peu dur et sans recherches bien passionnantes.

De M. Odilon Redon s'appendent au galandage d'un couloir une quinzaine de dessins, mal choisis mais qui, nonobstant, angoissent les âmes préparées.

II

MM. Gauguin et Guillaumin. — Madame Berthe Morisot. — M. David Estoppey.

Les tons de M. Paul Gauguin sont très peu distants les uns des autres : de là, en ses tableaux, cette harmonie sourde. Des arbres denses jaillissent de terrains gras, plantureux et humides, envahissent le cadre, proscrivent le ciel. Un air lourd. Des briques entrevues indiquent une maison proche ; des robes gisent, des mufles écartent des fourrés, — vaches. Ces roux de toitures et de bêtes, ce peintre les oppose constamment à ses verts, et les double dans des eaux coulantes entre les fûts et encombrées d'herbes longues. De lui encore, des plages normandes, des falaises, une nature-morte, et, enfin, une sculpture sur bois datée de 1882.

En 1881, M. Gauguin, en même temps que M. Degas sa *Petite Danseuse* de cire, présentait une figurine en bois colorié *(Dame en promenade)* et un médaillon *(la Chanteuse)*; cette année, sur du poirier que nous avons le regret de voir monochrome, sa femme nue s'enlève en demi-relief, la main aux cheveux, assise rectangulairement dans un paysage. Seul numéro de sculpture. Rien en bois colorié, en pâte de verre, en cire.

M. Armand Guillaumin (1). Des ciels immenses : des ciels surchauffés, où se bousculent des nuages dans la bataille des verts, des pourpres, des mauves et des jaunes; d'autres, crépusculaires alors, où de l'horizon se lève l'énorme masse amorphe de nues basses que des vents obliques strient. Sous ces ciels lourdement somptueux, se bossuent, peintes par brutaux empâtements, des campagnes violettes alternant labours et pacages ; des arbres se crispent à des pentes fuyant vers des maisons qu'enceignent des potagers, vers des cours de fermes où se dressent les bras des charrettes. Implantés dans des prés herbus, des hommes, des femmes pêchent ; et, à l'ombre de fouillis frutescents, les moires de la petite rivière s'amplifient en ellipses qu'emporte l'eau, et renaissent. Parmi des arbres et des fleurs, sous des chapeaux de jardin, de mafflées gaillardes lisent, dorment, tassant leurs charnures dans des fauteuils d'osier. Et ce coloriste forcené, ce beau peintre de paysages gor-

(1) A ses débuts, ce peintre se prénommait Jean-Baptiste — Catalogue de l'exposition de 1874.

gés de sèves et haletants, a restitué à toutes ses figures humaines une robuste et placide animalité.

Madame Berthe Morisot est tout élégance : facture large, claire, alerte; un charme féminin sans mièvrerie; et, malgré une allure d'improvisation, des valeurs d'une justesse rigoureuse. Ces jeunes filles dans l'herbe, au lever, à la coiffure (peintures), sont œuvres exquises; et c'est une joie que ces expéditifs dessins et ces aquarelles véloces.

On put à cette exposition s'étonner de ne voir aucun pastel de M. David Estoppey. Paysages alpins; mastoïdes paysages de banlieue parisienne, sans les duretés graphiques de Raffaëlli, conduits, par des accords de gris, d'ocres, de verts de Hooker, jusqu'à des horizons que soulève la note rouge des toits; des intérieurs de mouches, de tramways; des tables de brasserie bordées de loquaces buveurs; des portraits; des vues de rues la nuit. Parmi celles-ci : Boulevard des Capucines; une devanture de fleuriste darde sa rampe dans les jupes joyeuses d'une fille et sur le garance d'un fusilier qui s'éloigne; confusément, du fond éteint par le premier plan, arrivent des foules; à droite, roule et bruit la chaussée dont l'obscur se crêve des becs de l'autre trottoir, se lacère de filantes lumières; une colonne Morris; des branches dont les verts, dans la mêlée d'antagoniques éclairages, râlent; un peu du ciel nocturne. Mais, mieux, des intérieurs apaisés : cette chambre d'hôtel noyée de crépuscule ; de face et se découpant en noir sur le grand rectangle verdâtre de la fenêtre, une jeune femme en visite est assise au pied d'un lit qui s'escampe derrière le cadre abandonnant au premier plan le marbre d'une table de nuit où posent la potion de la malade et deux oranges. Un talent souple, un dessin expressif et décidé, des curiosités prêtes à s'orienter vers les plus diverses tentatives.

III

MM. Camille Pissarro, Georges Seurat, Paul Signac, Lucien Pissarro.

Dès le début, les peintres impressionnistes, dans ce souci de la vérité qui les faisait se borner à l'interprétation de la vie moderne directement observée et du paysage directement peint, avaient vu les objets solidaires les uns des autres, sans autonomie chromatique, participant des mœurs lumineuses de leurs voisins; la peinture traditionnelle les considérait comme idéalement isolés et les éclairait d'un jour artificiel et pauvre.

Ces réactions de couleurs, ces soudaines perceptions de complémentaires, cette vision japonaise ne pouvaient s'exprimer au moyen des ténébreuses sauces qui s'élaborent sur la palette : ces peintres firent donc des notations séparées, laissant les couleurs s'émouvoir, vibrer à de brusques contacts, et se recomposer à distance; ils enveloppèrent leurs sujets de lumière et d'air, les modelant dans les tons lumineux, osant même parfois sacrifier tout modelé; du soleil enfin fut fixé sur leurs toiles (1).

On procédait donc par décomposition des couleurs; mais cette décomposition s'effectuait d'une sorte arbitraire : telle traînée de pâte venait jeter à travers un paysage la sensation du rouge; telles rutilances se hâchaient de vert. — MM. Georges Seurat, Camille et Lucien Pissarro, Dubois-Pillet, Paul Signac, eux, divisent le ton d'une manière consciente et scientifique. Cette évolution se date 1884, 1885, 1886.

Si, dans la *Grande-Jatte* de M. Seurat, l'on considère, par exemple, un dm^2. couvert d'un ton uniforme, on trouvera sur chacun des centimètres de cette superficie, en une tourbillonnante cohue de menues macules, tous les éléments constitutifs du ton. Cette pelouse dans l'ombre : des touches, en majorité, donnent la valeur locale de l'herbe; d'autres, orangées, se clairsèment, exprimant la peu sensible action solaire; d'autres, de pourpre, font intervenir la complémentaire du vert; un bleu cyané, provoqué par la proximité d'une nappe d'herbe au soleil, accumule ses criblures vers la ligne

---

(1) Il importe de lire dans L'ART MODERNE de M. J.-K. Huysmans (Paris, 1883, G. Charpentier) les Salons impressionnistes de 1880, 1881 et 1882. — On peut consulter aussi les monographies de M. Théodore Duret : CRITIQUE D'AVANT-GARDE (Paris, 1885, G. Charpentier), et même, sur la technique du néo-impressionnisme, notre article de L'ART MODERNE de Bruxelles, nº du 19 septembre 1886.

de démarcation et les raréfie progressivement en deçà. A la formation de cette nappe elle-même ne concourent que deux éléments, du vert, de l'orangé solaire, toute réaction mourant sous un si furieux assaut de lumière. Le noir étant une non-lumière, ce chien noir se colorera des réactions de l'herbe; sa dominante sera donc le pourpre foncé; mais il sera attaqué aussi par un bleu foncé que suscitent les lumineuses régions voisines. Ce singe en laisse sera ponctué par un jaune, sa qualité personnelle, et moucheté de pourpre et d'outremer. Tout cela : trop évidemment, en cette écriture, — indications brutales; mais, dans le cadre, — dosage complexe et délicat.

Ces couleurs, isolées sur la toile, se recomposent sur la rétine : on a donc non un mélange de couleurs-matières (pigments), mais un mélange de couleurs-lumières. Faut-il rappeler que, pour de mêmes couleurs, le mélange des pigments et le mélange des lumières ne fournissent pas nécessairement les mêmes résultats? On sait aussi que la luminosité du mélange optique (1) est toujours très supérieure à celle du mélange matériel, ainsi que l'exposent les nombreuses équations de lumi-

---

(1) On démontre facilement ces deux propositions avec les disques de Maxwell. Pour ces questions théoriques voir notamment la THÉORIE SCIENTIFIQUE DES COULEURS ET SES APPLICATIONS A L'ART ET A L'INDUSTRIE, 1881, par M. N. O. Rood, de New-York.

nosité établies par M. Rood. Pour du Carmin violet et du Bleu de Prusse d'où naît un gris bleu :

$$\underbrace{50\ C + 50\ B}_{\textit{mélange des pigments}} = \underbrace{47\ C + 49\ B + 4\ \text{Noir}}_{\textit{mélange des lumières}}\ ;$$

pour du Carmin et du Vert :

$$50\ C + 50\ V = 50\ C + 24\ V + 26\ \text{Noir}.$$

Efforcés vers l'expression des luminosités extrêmes, on conçoit donc que les Impressionnistes, — comme, parfois déjà, Delacroix, — veuillent substituer au mélange sur la palette le mélange optique.

M. Georges Seurat, le premier, a présenté un paradigme complet et systématique de cette nouvelle peinture. Son immense tableau la *Grande-Jatte*, en quelque partie qu'on l'examine, s'étale monotone et patiente tavelure, tapisserie : ici, en effet, la patte est inutile, le truquage impossible; nulle place pour les morceaux de bravoure ; — que la main soit gourde, mais que l'œil soit agile, perspicace et savant ; sur une autruche, une botte de paille, une vague ou un roc la manœuvre du pinceau reste la même. Et si se peuvent soutenir les avantages de la « belle facture » sabrée et torchonnée pour le rendu, j'imagine, d'herbes rêches, de ramures mobiles, de pelages bourrus, du moins la « peinture au point » s'impose-t-elle pour l'exécution des surfaces lisses, et, notamment, du nu, à quoi on ne l'a pas encore appliquée. Le sujet : par un ciel caniculaire, à quatre heures, l'île, de filantes barques au flanc, mouvante d'une dominicale et fortuite population en joie de grand air, parmi des arbres ; et ces quelque quarante personnages sont investis d'un dessin hiératique et sommaire, traités rigoureusement ou de dos ou de face ou de profil, assis à angle droit, allongés horizontalement, dressés rigides : comme d'un Puvis modernisant.

L'atmosphère est transparente et vibrante singulièrement ; la surface semble vaciller. Peut-être cette sensation, qu'on éprouve aussi devant tels autres tableaux de la même salle, s'expliquerait-elle par la théorie de Dove : la rétine, prévenue que des faisceaux lumineux distincts agissent sur elle, perçoit, par très rapides alternats, et les éléments colorés dissociés et leur résultante.

M. Paul Signac est séduit par les paysages suburbains. Celles de ses toiles qui datent de cette année, sont peintes par division du ton ; elles atteignent à une frénétique intensité de lumière : *les Gazomètres à Clichy* (mars-avril 1886) et *le Passage du Puits-Bertin à Clichy* (mars-avril 1886), avec ses palissades où sèchent des pantalons de travail et des bourgerons, la désolation de ses murs écorchés, son herbe roussie et ses toits en incandescence dans une atmosphère qui s'affirme, se fonce en montant et se creuse en un gouffre d'aveuglant bleu ; dans *l'Embranchement de Bois-Colombes* (avril-mai 1886), les arbres grillent et se recroquevillent. Des mers bouillonnent sous des ciels flamboyants. Il sait aussi traduire la mélancolie des temps gris, emprisonner ses eaux dans des quais : et l'on a son *Boulevard de Clichy par la neige* et sa *Berge à Asnières* (novembre 1885).

Aux précédentes expositions, M. Camille Pissarro triomphait avec ses potagers, sa *Plaine du chou,* sa *Sente du chou,* son *Clos du chou,* superbes paysages âprement et sûrement brossés. Transformant sa manière, il apporte au néo-impressionnisme sa mathématique rigueur d'analyse et l'autorité de son nom : désormais il décompose ses tons, systématiquement. Des paysages de soleil, des maisons blanches dans des vergers en fleurs, des plans qui fuient, des cultures coupées d'arbres grêles, un espace illimité, et, très haut, des nuages légers qui se pommèlent sur le bleu. De lui aussi de très beaux pastels, surtout linéaires, où s'étirent, s'habillent, gisent, mangent, peinent des campagnardes. Des gouaches. Des eaux-fortes reproduisant les rues et le port de Rouen.

A côté de M. Camille Pissarro, expose son fils Lucien. Ses aquarelles d'illustration sont savoureuses et fraîches, et il a gravé sur bois une série d'êtres ruraux, bêtes et gens, avec la simplicité exemplaire des primitifs xylographes.

NOTES

La première exposition de ce groupe de peintres se manifestait (15 avril-15 mai 1874) chez Nadar, boulevard des Capucines, 35 ; la deuxième (avril 1876), chez Durand-Ruel, rue Le Peletier, 11 ; la troisième (avril 1877), rue Le Peletier, 6 ; la quatrième (10 avril-11 mai 1879), avenue de l'Opéra, 28 ; la cinquième (avril 1880), rue des Pyramides ; la sixième (2 avril-1er mai 1881), boulevard des Capucines, 35 ; la septième (avril 1882), rue Saint-Honoré. Le nombre des exposants varia de neuf à trente.

Voici, pour les plus notables d'entre eux, l'indication des expositions d'ensemble auxquelles ils contribuèrent :

Miss Cassatt........	—	—	—	79	80	81	—	86
M. Caillebotte......	—	76	77	79	80	—	82	—
M. Cézanne.........	74	—	77	—	—	—	—	—
M. Degas..........	74	76	77	79	80	81	—	86
M. De Nittis.........	74	—	—	—	—	—	—	—
M. Forain.........	—	—	—	79	80	81	—	86
M. Gauguin........	—	—	—	—	80	81	82	86
M. Guillaumin......	74	—	77	—	80	81	82	86
M. Monet...........	74	76	77	79	—	—	82	—
Madame Morisot. ..	74	76	77	—	80	81	82	86
M. Ludovic Piette..	—	—	77	79	—	—	—	—
M. Camille Pissarro.	74	76	77	79	80	81	82	86
M. Lucien Pissarro..	—	—	—	—	—	—	—	86
M. Raffaëlli.........	—	—	—	—	80	81	—	—
M. Renoir..........	74	76	77	—	—	—	82	—
M. Seurat........	—	—	—	—	—	—	—	86
M. Signac..........	—	—	—	—	—	—	—	86
M. Sisley...........	74	76	77	—	—	—	82	—
M. Zandomeneghi...	—	—	—	79	80	81	—	86

Trente-six autres noms figurent, — pour de peu plausibles motifs, — sur les catalogues de ces salons hétérogènes.

Pendant l'Exposition de 1877, parurent, les jeudis, cinq numéros de L'IMPRESSIONNISTE, *Journal d'Art*, rue Laffitte, 22 bis, huit pages à 15 centimes. Croquis de MM. Degas, Renoir, Caillebotte, Sisley, etc., d'après leurs tableaux. Articles propagandistes de M. G. Rivière, d'Un Peintre (M. Renoir), etc.

LONDRES, 1883, Exposition Dowdeswell, New Bond Street 133. (3 Edouard Manet, 3 Mary Cassatt, 3 Berthe Morisot, 10 Eugène Boudin; 6 J. L. Brown, 7 Degas, 4 Monet, 11 Camille Pissarro, 8 Renoir et 8 Alfred Sisley.)

BRUXELLES, juin 1885, Exposition Durand-Ruel, à l'Hôtel du Grand-Miroir. (MM. Degas, Monet, Camille Pissarro, Renoir et Sisley.)

NEW-YORK, avril et juin 1886, Expositions Durand-Ruel, à la Douane et à l'Académie. (Miss Cassatt, Madame Morisot, MM. Caillebotte, Degas, Monet, Camille Pissarro, Renoir, Seurat, Signac, Sisley.)

A l'Hôtel Drouot, le 27 mai 1877, exposition de 4 Caillebotte, 14 Camille Pissarro, 16 Renoir et 11 Sisley, vendus le 28.

Exposition posthume d'Edouard Manet, 179 numéros, janvier 1884, à l'Ecole des Beaux-Arts.

EXPOSITIONS PARTICULIÈRES :

M. Monet, 18 tableaux. 7 juin 1880 et jours suivants, aux bureaux de la VIE MODERNE, boulevard des Italiens, 7.

M. Monet. 1er-25 mars 1883, boulevard de la Madeleine, 9.

M. Renoir, 70 tableaux. 1er-25 avril 1883, même local.

M. Camille Pissarro, 70 tableaux. 1er-25 mai 1883, même local.

M. Sisley, 70 tableaux. 1er-25 juin 1883, même local.

M. Raffaëlli, 155 numéros dont 2 de sculpture. 15 mars-15 avril 1884, avenue de l'Opéra, 28 bis.

II

Ve EXPOSITION INTERNATIONALE

DU 15 JUIN AU 15 JUILLET. — RUE DE SÈZE, 8.

I

M. Jean-François Raffaelli (1).

Technique ingénieuse et complexe qui coalise les vertus du pastel, de l'aquarelle, de l'huile et de la mine de plomb ; peinture sur des panneaux de carton qui buvant un peu la couleur, permettent de modeler sans que le morceau s'empâte et s'alourdisse. Parfois, une composition entachée de littérature ; parfois aussi, des personnages trop indépendants du milieu, des personnages comme rapportés. Neuf tableaux se groupent sous ce titre sériel : *Deuxième Été à Jersey*.

De minuscules misses se promènent gentiment par les chemins de Gorey-Village, dans de bouffants costumes

(1) M. Raffaëlli détient une doctrine. Sous ce titre : *Etude des Mouvements de l'Art moderne et du Beau caractériste*, il a publié, à la suite du catalogue illustré de son exposition de 1884, quarante-neuf pages qui constituent le quart chapitre d'une Philosophie de l'Art moderne dont il annonçait alors l'apparition comme prochaine.

à pois, très mouvantes, notées si finement ; une fillette, qui se hâte, un panier au bras, vers une maisonnette, semble un Petit-Chaperon-Rouge insulaire. Des courses. Deux pêcheurs, calmes brutes. — Les Gennevilliers excoriés et les scabieux Saint-Denis ne sont pas abandonnés cependant ; donc : trois numéros des *Caractères de la Banlieue parisienne;* deux, des *Portraits-types de Gens du peuple ;* et deux *Scènes de Mœurs.*

II

M. Pierre-Auguste Renoir.

A envoyé rue de Sèze les portraits de Madame G. Charpentier et de ses enfants (1878), de Madame Bérard (1879), de Madame Clapisson (1883) ; il aura gardé ses bonnes toiles, — et c'est par ses expositions antérieures que nous connaîtrons ce radieux peintre de l'épiderme féminin et des yeux pers, ce gai coloriste, cet ordonnateur habile de couples se mouvant dans des lumières flavescentes.

III

M. Claude Monet (1).

Les envois de M. Claude Monet se datent de 84, 85, et 86 : ce sont des impressions de nature fixées dans leur fugacité par un peintre dont l'œil apprécie instantanément toutes les données d'un spectacle et décompose spontanément les tons.

Ces mers, vues d'un regard qui y tombe perpendiculairement, couvrent tout le rectangle du cadre ; mais le ciel, pour invisible, se devine : tout son changeant

---

(1) Sur M. Claude Monet, lire Science and Philosophy | in Art. | *By CELEN SABBRIN.* | Philadelphia: | Wm. F. Fell and C°, | 1220-24 Sansom St. | 1886.

Comme M. Th.-H. Huxley dans l'Ecrevisse et M. J.-L. de Lanessan dans le Sapin prennent pour thème d'un cours général de zoologie et de botanique organiques ce crustacé et ce conifère, — M. Celen Sabbrin étudie l'Impressionnisme, au triple égard de la philosophie, de la perspective et du dessin, en considérant l'œuvre du seul Claude Monet.

M. Charles-Antoine Vignier a traduit fragmentairement et annoté cette plaquette, dans les tomes II et III de la Vogue.

émoi se trahit en inquiets jeux de lumières sur l'eau. Nous sommes un peu loin de la vague de Backysen, perfectionnée par Courbet, de la volute de tôle verte se crêtant de mousse blanche dans le banal drame des tourmentes. Étretat surtout sollicite ce mariniste ; il se complaît à ces blocs surgissants, à ces masses térébrées, à ces abrupts remparts d'où s'élancent, comme des trompes, des arcs-boutants de granite. *L'Aiguille d'Etretat*, — et, voilures bleutées à peine, de volantes barquettes s'invertissent crûment dans cette nappe dont le violet se mue là-bas en verts glaceux, précurseurs de bleus hésitants et d'incarnadins furtifs. *Temps de pluie :* les rocs, l'aiguille se dissolvent dans cette brume où de délicates grises harmonies jouent. *Marine* : une plage rosâtre, et des verts, des mauves et des violets se noient en des clapotis. L'intrados de la *Manne-Porte*. D'autres, — marines du golfe de Gênes. Cette *Vue prise du cap Martin* : un ciel pâlement vert où filent des vents étésiens ; au flanc d'un escarpement, un chemin d'ocre ; au fond, loin, des monts de vacillant améthyste.

Puis des paysages de l'Eure. *La Meule :* dans un pré dont le confin se marque d'un rang d'arbres plumuleux, une femme bleue et un enfant cachou, adossés à l'ellipsoïdal tas, se décolorent. *Un Verger au Printemps :* une jeune fille, dans une lumière filtrée par des branches florales, lit. *Un Effet de neige à Falaise :* des arbres grelottent sur des déclivités dont le thalweg donne un axe au tableau. Enfin, sous du bleu où roulent d'obèses petits cirrhus, les environs de La Haye et de Sassenhem : en carrés et en plates-bandes s'étendent tulipes de Cels, flamandes, tulipes de l'Écluse ; et leurs jaunes, leurs blancs panachés, leurs violets s'évanouissent dans la strideur poupre des œils-du-soleil et des tulipes de Thrace.

NOTE

Première Exposition Internationale en 1882 (5 De Nittis) ; seconde, du 11 mai au 10 juin 1883 (12 De Nittis) ; troisième, du 2 avril au 4 mai 1884 ; quatrième, du 15 mai au 15 juin 1885 (10 Monet, 22 Raffaëlli). Toutes : 8, rue de Sèze.

III

IIe EXPOSITION

DE LA SOCIÉTÉ DES ARTISTES INDÉPENDANTS

DU 20 AOUT AU 27 SEPTEMBRE. — RUE DES TUILERIES.

I

MM. Georges Seurat, Paul Signac, Lucien Pissarro. — MM. Henri Cross et Adolphe Albert. — M. Charles Angrand.

Des quatre cents numéros de cette exposition, l'Impressionnisme en a fourni environ soixante, groupés sous sept noms.

MM. Seurat, Signac et Lucien Pissarro sont ici avec la plupart des œuvres qu'ils exposaient deux mois auparavant rue Laffitte. De M. Seurat nous revoyons *Un Dimanche à la Grande-Jatte* et ses marines de Grancamp, moroses et si emplies d'air; et, spécimen d'œuvres plus récentes, voici *Un Coin de bassin à Honfleur*, avec la jetée qui dans le flamboi du soleil, semble trépider et se volatilise, tandis que les agrès et la mâture d'un navire là interrompent au cadre leur gesticulation commençante.

La verve polychrome de M. Signac accentue son

tapage dans ses toiles nouvelles, paysages des Andelys — eaux et verdures — datés de juin-juillet 1886.

M. Lucien Pissarro : un paysage de matinée *(la Maison de la Sourde)* et un paysage de fin d'après-midi *(le Hangar).*

Avant de nous arrêter plus longuement à M. Albert Dubois-Pillet, signalons les envois de MM. Henri Cross et Adolphe Albert et de M. Charles Angrand. Celui-ci, qui exposait pour la première fois en 1883, n'a pas adopté la facture impersonnelle et comme abstraite des dissidents de l'impressionnisme : sa brosse, d'une violence rusée, travaille et triture ingénieusement une pâte épaisse et plastique, la configure en reliefs, l'érafle, l'écorche, la guilloche et la papelonne. Le requièrent surtout les scènes de vie agreste normande et les environs immédiats de Paris : ses *Terrains vagues à Clichy* (1886), sa *Ligne de l'Ouest à sa sortie de Paris, vue prise des fortifications* (1886), se particularisent par leur sapidité, leur mélancolie rude, une tendance aux tons graves.

II

M. Albert Dubois-Pillet.

M. Dubois-Pillet présente dix tableaux et nous en connaissons quelques autres. Sa vision un peu blonde confère à l'huile une poudroyante et veloutée délicatesse de pastel.

Une clarté diffuse, ambrée, lucide, vivifie ces paysages, aux spécieuses colorations firmamentales, aux lointains qui s'immatérialisent; et ce pouvait être d'un Dubois-Pillet que s'actionnait la sensibilité de la Marthe Grellou de Paul Adam :

« Marthe approchante s'étonnait de l'extrême division de teintes obtenue par ces touches...

« Ces teintes s'analysaient par gouttes colorantes et minuscules juxtaposées comme les points d'une tapisserie fine ; et l'impression venait de la parfaite harmonie atteinte par cette multitude orchestrale de petites taches » (1).

---

(1) Soi, page 420.

Une *Seine à Bercy,* avec l'écrasement des quais, le bas cylindre du « Panorama de la Bastille », et cette coulée de fleuve sous un ciel qui s'incurve apothéotique ; des *Marne* fustigées par les couleurs virulentes des proues; des *Fleurs* aux teintes sautelantes; des *Fruits.* — D'une route en remblai, des arbres ombrent marginalement ce pré, sous un ciel dont le bleu se dénature dans une citrine criblure de soleil (juillet 1886). — Une gracile jeune femme, au bord d'un étang dont l'eau, encastrée dans des feuillages, se dore, se pourpre, changeante, rêve (novembre 1885). — Une gabare, de face, épate sa masse sombre dans la frigide féerie de matutinales brumes violettes s'essorant d'eaux pâles (novembre 1885).

Pour résumer ces notes :

En 1886, les maîtres de l'art impressionniste ont tous, sauf MM. Cézanne, Sisley et Caillebotte (1), présenté des œuvres à l'effarement bovin du public.

Quelques jeunes gens, et notamment M. Angrand, ont précisé leur personnalité.

Avec MM. Pissarro, Seurat, Dubois-Pillet et Signac s'est affirmée une réforme technique féconde : ce fut en effet le haut et neuf intérêt des expositions de la rue Laffitte et de la rue des Tuileries, leurs salles lumineuses où, dans les cadres blancs, des ciels s'illimitent et flambent.

(1) Parmi les Caillebotte de 1885-1886, plus de ces vastes compositions, vues en 1880 et en 1882, où se reconstitue la vie de la bourgeoisie parisienne; mais des œuvres de fabrication moins ardue: des paysages d'Argenteuil; des natures-mortes, — langoustes, poissons, viandes, lièvres, huîtres, bouteilles, un veau au croc s'ouvrant blanc dans l'ovale guirlande de fleurs qui l'ourle.

TABLE

ACHEVÉ D'IMPRIMER

PAR A. RETAUX

D'ABBEVILLE

LE 26 OCTOBRE 1886

www.ingramcontent.com/pod-product-compliance
Ingram Content Group UK Ltd.
Pitfield, Milton Keynes, MK11 3LW, UK
UKHW021023200726
13857UKWH00004B/1546